J. Ángel Menéndez Díaz

Mi fotografía estenopeica

Mi fotografía estenopeica
© J. Ángel Menéndez Díaz 2013
ISBN: 978-1494792633

Índice

¿Qué es?

Básicamente la fotografía estonopeica es aquella que se hace sin ningún tipo de lentes. Así, en vez de la lente (o lentes) de las cámaras fotográficas convencionales la luz pasa a través de un diminuto agujero (estenopo) de tamaño aproximado al que haría una fina aguja de coser, de ahí el término inglés con que se conoce a este tipo de fotografía *"pinhole"*. Así pues, para hacer fotografías estenopeicas se requiere de una 'cámara obscura' que puede ser cualquier tipo de caja o recipiente 'estanco' a la luz, en uno de cuyos lados se ha practicado este minúsculo agujero, mientras que en el lado opuesto se sitúa cualquier tipo de material fotosensible (película o papel fotográfico, etc.). Después, basta con abrir el estenopo (que lógicamente ha de permanecer cerrado para no velar el material fotosensible) durante el tiempo de exposición (generalmente largo, de unos segundos a varios minutos dependiendo del material fotosensible usado), volver a tapar el estenopo, y ya está. El material fotosensible habrá formado una imagen latente (negativo) de aquello que hayamos fotografiado. A continuación vendría el proceso de revelado, similar al de la fotografía convencional y que puede ser tan simple o tan complicado como se desee.

Sencillo, ¿no?

Frente a las cada vez más sofisticadas cámaras fotográficas existentes en el mercado la fotografía estenopeica es sin duda la forma más simple de hacer fotografías, y quizá la más barata. Sin embargo, sus posibilidades son prácticamente ilimitadas (admite cualquier formato: tele, gran angular etc.; dobles exposiciones; uno, dos, o varios estenopos; distintos efectos según el material fotosensible que se utilice; etc. etc. etc.). Las fotografías que se obtienen son realmente sorprendentes y no necesariamente han de ser peores que las obtenidas con otras cámaras más sofisticadas. Ciertamente las imágenes no presentan la nitidez de las obtenidas con las cámaras que poseen lentes, pero esto, en ocasiones, puede ser un atractivo. Además, frente al inconveniente de "tener que enfocar" de las cámaras con lentes, en la fotografía estenopeica todos los objetos, desde unos pocos cm hasta el infinito, saldrán enfocados.

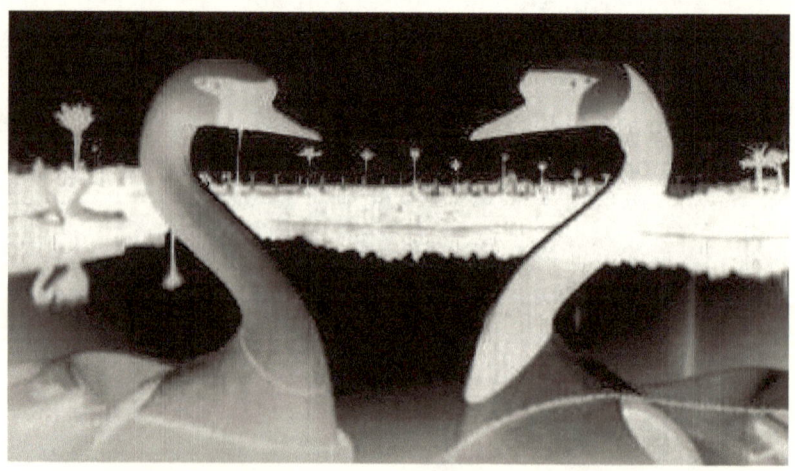

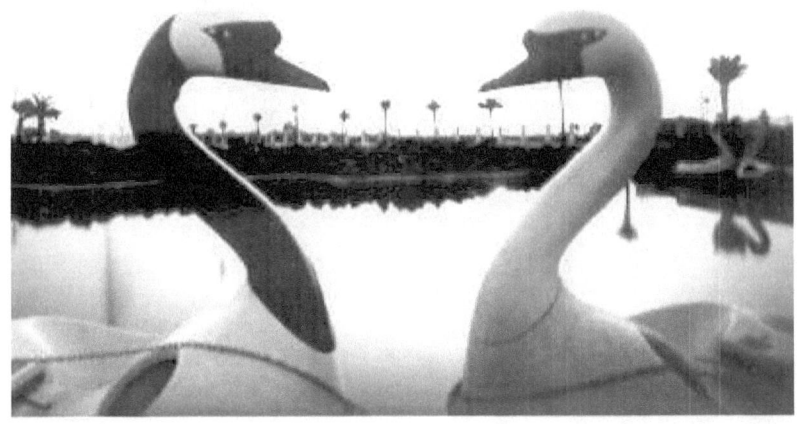

Las imágenes corresponden a un "negativo" obtenido con una cámara estenopeica y papel fotográfico y al correspondiente "positivo" obtenido "por contacto",

Historia

Primeras observaciones y experiencias

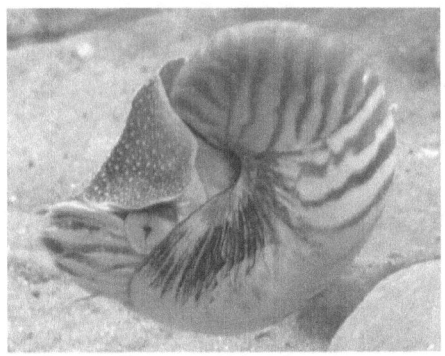

El ojo de los nautilos no es tan sofisticado como el del resto de los cefalópodos. Carece de cristalino y córnea, asemejándose a una cámara estenopeica.

Los principios básicos de los estenopos se encuentran ya en textos chinos del s. V a. C. Los chinos habían descubierto que la luz viaja en línea recta. El filósofo Mo Ti es el primero, que se sepa, que constató la formación de una imagen, invertida, en una pantalla a través de un orificio. Mo Ti se percató de que los objetos reflejan la luz en todas las direcciones, y que los rayos procedentes de un objeto, cuando pasan a través de un orificio, producen una imagen invertida en una pantalla,

describiendo así el fenómeno de la cámara oscura. De acuerdo
con Hammond, no hay más referencias a la cámara oscura in
textos chinos hasta el s. IX d.C., cuando Tuan Cheng Shih se
refiere a una imagen en una pagoda. Shen Kua, más tarde,
corrigió la explicación de la formación de la imagen. Yu Chao
Lung, En el s.X d.C. usó modelos de pagodas para formar
imágenes estenopeicas en una pantalla. De todos modos, de
estos experimentos no se deriva ninguna teoría geométrica
sobre la formación de la imagen (Hammond 1981:2).

En Occidente, Aristóteles (s. IV a. C.) comenta la formación
de imágenes estenopeicas en su obra "Problemas". En el Libro
XV, 6, pregunta: "¿Por qué cuando la luz atraviesa un orificio
cuadrado, o por ejemplo a través de un trabajo de cestería, no
forma imágenes cuadradas sino circulares? [...]". En el Libro
XV, 11 va más allá y se pregunta "¿Por qué en un eclipse de Sol,
si uno mira a través de un tamiz o de una hoja de árbol, como
las del platanero, o si uno une los dedos de una mano sobre los
de la otra y mira al través, los rayos siguen formando una
imagen en forma de creciente? ¿Es por la misma razón por la
que cuando los rayos brillan a través de un orificio cuadrado,
siguen apareciendo en forma de un cono? [...]"(Aristóteles
1936: 333, 341). Aristóteles no encontró respuestas
satisfactorias a estas observaciones, que permanecieron sin
resolver hasta el s. XVI (Hammond 1981:2).

Por otro lado, el médico y matemático árabe Ibn Al-Haitam
(Albazen) experimentó con la formación de imágenes en el s. X

d.C. Dispuso tres velas alineadas y colocó una pantalla con un pequeño orificio entre estas y la pared. Notó que las imágenes eran formadas sólo a través de pequeños agujeros y que la vela de la derecha formaba la imagen de la izquierda, y así sucesivamente. De aquí dedujo la linealidad de la transmisión de la luz (Hammond 1981:2).

En los siguientes siglos, la técnica estenopeica fue utilizada por investigadores de la óptica en varios experimentos para investigar la luz solar proyectada a través de un pequeño orificio.

Renacimiento y Post-renacimiento

En el Renacimiento y los siglos siguientes la cámara oscura fue utilizada sobre todo para fines científicos en astronomía y, ayudados por las lentes, como ayudas para el dibujo por pintores y dibujantes amateurs.

Leonardo Da Vinci (1452-1519) describe la formación de imágenes estenopeicas en su "Codex atlanticus". En él describe la formación de imágenes del sol a través de orificios practicados en las paredes de una iglesia.

En 1475, el matemático y astrónomo renacentista Paolo Toscanelli colocó un anillo de bronce con una apertura en una ventana de la catedral de Florencia, que todavía está en uso. En días soleados, una imagen solar se proyecta a través del orificio sobre el suelo de la catedral. A mediodía, dicha imagen coincide con una marca en el suelo de la catedral. Este efecto fue utilizado para conocer la hora (Renner 1995:6).

En 1580 los astrónomos papales usaron un orificio y una marca similar en el Observatorio Vaticano de Roma para probar al papa Gregorio XIII que el equinoccio de primavera se había fijado incorrectamente en el 11 de marzo y no en el 21 de marzo. Dos años más tarde, después de cuidadosas consideraciones, Gregorio XIII corrigió el calendario Juliano en 10 días, creando con ello el calendario Gregoriano vigente hoy en día (Renner 1995:6).

Giovanni Battista della Porta (1538-1615), un científico napolitano, ha sido considerado el inventor de la cámara oscura por su descripción de una cámara oscura estenopeica en la primera edición de su "Magia Naturalis" (1558). Su descripción ha sido muy conocida, pero el no fue de ningún modo el inventor.

La primera imagen de una cámara oscura estenopeica es aparentemente un dibujo en "De Radio Astronomica et Geometrica"(1545), de Gemma Frisius. Gemma Frisius, un astrónomo, utilizó un estenopo en una habitación oscura para estudiar el eclipse solar de 1544. El término cámara oscura fue acuñado por Johannes Kepler (1571-1630). En ese momento el término indicaba una habitación o una tienda con un orificio y una lente usados por los artistas para dibujar paisajes. La lente permitía obtener una imagen más brillante y enfocarla a cierta distancia. Este tipo de cámara es distinto del usado por Frisius, que no tenía lente. En la década de 1620, Kepler inventó una cámara oscura portátil. Estas cámaras, utilizadas como ayuda al dibujo, se encontraron pronto en diversas formas y tamaños.

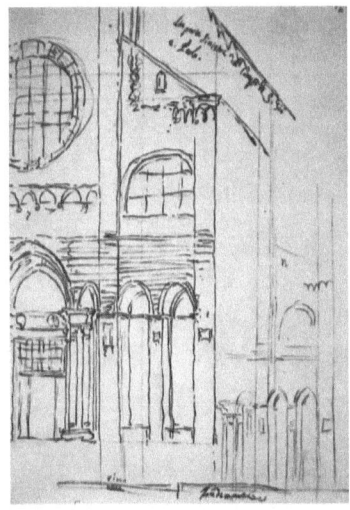

Dibujo hecho por Giovanni Antonio Cana (Canaletto) con la ayuda de una cámara oscura, s.XVIII.

Durante el siglo XIX, varias grandes cámaras oscuras fueron utilizadas como lugares de educación y entretenimiento. Las lentes de menisco, superiores en calidad a las biconvexas, mejoraron las imágenes proyectadas. Varios edificios con cámaras oscuras permanecen en pie hoy en día. La Cámara Oscura en Royal Mile (Edimburgo); La Great Union Camera en Douglas (Isla de Man); El Observatorio Clifton en Bristol (Inglaterra); la cámara oscura de Portmeirion, (Gales del Norte); la Cámara Gigante de Cliff House (San Francisco); La cámara oscura de Santa Mónica (California) y otras muchas. Unas pocas cámaras oscuras de gran tamaño se han construido durante el s. XX.

Primeras fotografías estenopeicas

Sir David Brewster, un científico inglés, fue uno de los primeros que practicó la fotografía estenopeica, en la década de 1850. Él también fue el que acuñó el término "pinhole" (denominación en inglés de las cámaras estenopeicas) utilizado por primera vez en su libro "The Stereoscope", en 1856. Joseph Petzval usaba el término "cámara natural", en 1859, mientras Dehors y Deslandres, en los últimos 1880,s propusieron el término "stenopaic photography". En las lenguas latinas se ha optado por esta última raíz, "stènopé" en francés, "stenopeico" en italiano y "estenopeica" en español, mientras que las lénguas germánicas optaron tomaron como modelo "Pinhole", Lochkamera" en alemán, "hullkamera", "holkamera" y "hålkamera" en las lenguas escandinavas, aunque en estas también se usa el término latino "camera obscura".

Sir William Crookes, John Spiller yWilliam de Wiveleslie Abney, todos en Inglaterra, fueron otros de los pioneros de la fotografía estenopeica. Las fotografías estenopeicas más antiguas que se conservan son, probablemente, las hechas por el arqueólogo inglés Flinders Petrie (1835-1942) durante las excavaciones en Egipto alrededor de 1880, dos de las cuales se reproducen en Renner (1995:39,40). Pero hay que hacer notar que la cámara de Petrie contaba con una lente simple delante del estenopo.

Pictorialismo y fotografía estenopeica popular

Al final de la década de 1880, el movimiento impresionista en la pintura ejerció una cierta influencia en el naciente arte fotográfico. Diferentes escuelas y tendencias se desarrollaron en la fotografía. La "vieja escuela" creía en imágenes nítidas y en lentes perfectas, mientras la nueva escuela, el "pictorialismo", intentaba captar la atmósfera de la nuevas tendencias en pintura. Algunos de estos pictorialistas experimentaron en la fotografía estenopeica. En 1890, George Davidson ganó el primer premio de la Exhibición Anual de la Photographic Society de Londres con una fotografía estenopeica, "An Old Farmstead", luego conocida como "The Onion Field". Este premio fue tan controvertido que provocó la escisión de la Photographic Society, para formar el grupo "Linked Ring". La fotografía de Davidson es reproducida en la obra de Renner (1995:42), y en varios libros de historia de la fotografía.

En 1892, el dramaturgo sueco August Strindberg comenzó a experimentar con la fotografía estenopeica. Alrededor de 100 obras de este autor se conservan todavía y 3 o 4 de ellas son imágenes estenopeicas.

La fotografía estenopeica se popularizó en la década de 1890, con la comercialización de varias cámaras estenopeicas en Europa, EEUU y Japón. En Londres, 4000 cámaras estenopeicas "Photominibuses" se vendieron en 1892. Estas cámaras parecían tener un status similar a las actuales cámaras desechables, y ninguna de ellas se ha conservado en las colecciones actuales. Unos años más tarde, una compañía americana inventó una cámara estenopeica desechable, la "Ready Photographer", consistente en una placa seca un estenopo en una lámina metálica y un fuelle. Otra compañía americana vendía la "Glen Pinhole Camera", que incluía seis placas secas, químicos de procesado, cubetas, un marco de positivado y papel rojo para la luz de seguridad. Pero la primera estenopeica realmente comercial fue diseñada por Dehors y Deslandres en Francia en 1887. Esta cámara tenía un disco rotatorio con 6 estenopos, en tres pares de similar tamaño.

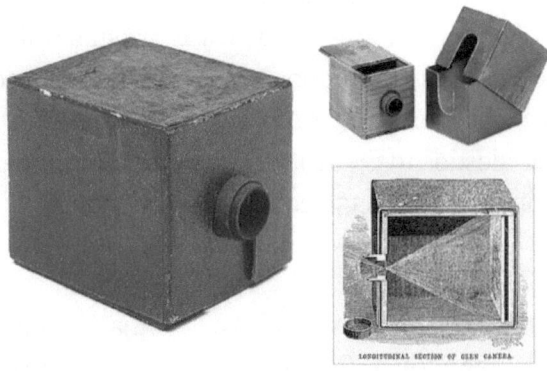

Cámara estenopeica de 1890 hecha con madera y cartón.

La producción en masa de cámaras convencionales y el "neorealismo" del s. XX pronto arrinconaron la fotografía estenopeica. Por los años 30 la técnica apenas era recordada y sólo se utilizaba en la enseñanza. Frederick Brehm, en lo que luego sería el Rochester Institute of Technology, fue posiblemente el primer profesor universitario en desarrollar el valor educativo de la técnica estenopeica. Él fue quien diseñó la Kodak Pinhole Camera alrededor de 1940.

El renacer de la fotografía estenopeica

A mediados de los 60, varios autores comenzaron a experimentar independientemente con la técnica estenopeica. Paolo Gioli en Italia, Gottfried Jäger en Alemania, David Lebe,

Franco Salmoiraghi, Wiley Sanderson y Eric Renner en EEUU. Por pura coincidencia, muchos de estos artistas trabajaron con cámaras de varios estenopos. Sanderson era profesor de fotografía en la Universidad de Georgia, y enseñó fotografía estenopeica desde 1953 a1988. Durante dicho periodo sus alumnos construyeron 4356 cámaras estenopeicas.

Dos científicos estaban también trabajando en fotografía estenopeica, Kenneth A. Connors en EEUU y Maurice Pirenne en Gran Bretaña. Connors investigó sobre la definición y la resolución en las cámaras estenopeicas, sus resultados los publicó en su propio periódico, Interest. Pirenne, por su parte, utilizó los estenopos para estudiar perspectiva, publicando sus resultados en el libro "Optica, pintura y fotografía" (1970). En 1971, Time-Life Books publicó "The Art of Photography", en el que se incluyeron varias de las imágenes estenopeicas panorámicas de Eric Renner. El ejemplar de Junio de 1975 de Popular Photography publicó el artículo "Pinholes for the People", basado en una experiencia de Phil Simkin en el Museo de Arte de Philadelphia, donde puso a disposición del público 15.000 cámaras estenopeicas cargadas, cuyas imágenes eran reveladas y expuestas en el propio museo.

En la década de los 70, la fotografía estenopeica fue ganando popularidad, muchos fotógrafas experimentaron con ella y con procesos alternativos. Se comenzaron a publicar artículos y algunos libros, entre los que destaca "The Hole Thing" de Jim Shull. Stan Page, historiador sobre fotografía de

Utah, recopiló más de 450 artículos sobre el tema desde 1850. Los críticos, sin embargo, continuaban ignorando la fotografía estenopeica como arte, sobre todo en EEUU. En Japón, Nobuo Yamanaki comenzó a construir cámaras en los principios de los 70. Aunque la fotografía estenopeica iba ganando popularidad, pocos artistas conocían la obra de otros, puesto que no había entrado en los círculos establecidos para el arte.

En 1985, Lauren Smith publicó "The Visionary Pinhole", que constituyó la primera amplia recopilación de documentos sobre los diversos campos de la fotografía estenopeica. La primera exposición nacional de EEUU fué organizada por Willie Anne Wright, en el Institute of Contemporary Art del Virginia Museum en 1982. En 1988 la primera exhibición internacional "Through a Pinhole Darkly" se organizó en el Fine Arts Museum de Long Island, contando con cámaras e imágenes de 45 artistas. El mismo año se organizó en España, otra exhibición , en el Museo de Arte Contemporaneo de Sevilla, con la obra de 9 fotógrafos. Una tercera exposición se celebró, el mismo año, en el Centro para las Artes Contemporáneas de Santa Fe, en México. En el catálogo de esta última aparecía el artículo "Notes Toward Stenopaesthetic" de James Hugunin, uno de los más exahustivos análisis de la situación de la fotografía estenopeica en los 80. El libro de Eric Renner (1995) menciona un gran número de artistas de este tipo de fotografía que estuvieron activos en los 80, y da muestras de su trabajo. De acuerdo con este mismo autor, al menos seis cámaras estenopeicas comerciales se fabricaron durante esta época. Eric Renner

fundó en 1984 "The Pinhole Resource", un centro
internacional de archivo y documentación sobre fotografía
estenopeica. Los archivos incluyen más de 2000 imágenes. El
primer número del "Pinhole Journal" apareció en diciembre de
1985. Hasta hoy, ha publicado la obra de más de 200 artistas
de varios países.

Con el advenimiento de la WWW, la fotografía estenopeica
se introdujo en la Red. Uno de los primeros artistas en
publicar su trabajo en Internet fue Harlan Wallach. Hoy en día
la información sobre fotografía estenopeica en la Red es
abundante, como se puede comprobar con una búsqueda en
cualquiera de los buscadores más extendidos.

Fotografía estenopeica en la ciencia

La fotografía estenopeica se comenzó utilizando para fines
científicos en el s. XVI, sobre todo en Astronomía y en el
estudio de los eclipses solares. Ya en nuestro siglo, se
descubrió que el principio de las cámaras estenopeicas podía
ser aplicado en física nuclear, para la fotografía de alta energía,
con rayos X y gamma. En los últimos años, también han sido
utilizadas en la fotografía de alta energía de láser plasma.

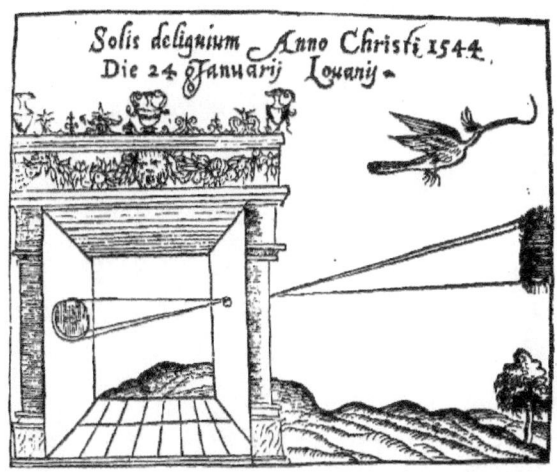

Eclipse Solar en la cámara oscura de Gemma Frisius.

Bibliografía

Jon Grepstad. Pinhole photography, http://home.online.no/~gjon/pinhole.htm

Aristotles. Problems. I. Books I-XXI. With an English translation by W. S. Hett, M.A. London: William Heinemann Ltd., 1936.

Eder, Josef Maria. Geschichte der Photographie. Halle a. S: Verlag von Wilhelm Knapp, 1905. (Chapter Three: "Zur Geschichte der Camera obscura", pp. 26-38.

Hammond, John H. The Camera Obscura. A Chronicle. Bristol: Adam Hilger Ltd., 1981. ISBN 0-85274-451-X.

Renner, Eric. Pinhole Photography. Rediscovering a Historic Technique. Boston and London: Focal Press 1995. 176 pages. ISBN 0-240-80231

Construcción de cámaras

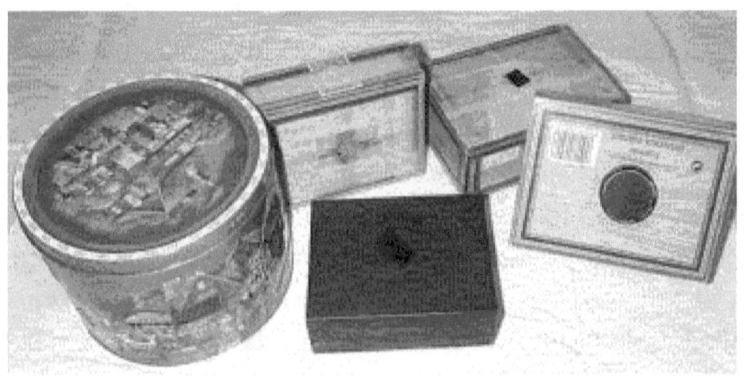

Estas son algunas de las cámaras que utilizo habitualmente. La mayoría están construidas con cajas de cartón. Concretamente he descubierto que las cajas de cigarros son especialmente útiles para fabricar este tipo de cámaras. En otras ocasiones también utilizo latas o botes cilíndricos. Por supuesto que una cámara estenopeica puede construirse de forma tan "sofisticada" como uno desee, de madera, con mecanismos para el obturador, etc., incluso existen algunos modelos comercializados; sin embargo yo he optado por la simplicidad de las cajas de cartón. Los resultados no necesariamente tienen que ser mejores cuanto más "bonita" es la cámara.

La construcción de una cámara es de lo más sencillo. En primer lugar hay que recortar un pequeño agujero, en donde posteriormente se colocará el estenopo, en una de las caras de la caja.

La fabricación del estenopo es quizá la parte más importante en la construcción de la cámara. Para ello yo utilizo pequeñas láminas de aluminio que recorto de las latas de refrescos. En el centro de la lámina se hace un pequeño orificio (estenopo), para lo cual uso una aguja de coser fina. Las agujas están numeradas según su grosor (generalmente uso n⁰ 10, n⁰ 13). El tamaño del estenopo tiene importancia tanto en la resolución de la foto resultante como a la hora de calcular la exposición. Existen fórmulas para calcular los tamaños más adecuados. Sin embargo, tampoco es necesario seguir fielmente estas fórmulas para conseguir buenas fotos. La experiencia y unas cuantas pruebas/errores permitirán obtener fotografías aceptables. Una vez que tenemos el estenopo en la lámina de aluminio colocamos ésta en el agujero que habíamos practicado en la caja sujetándola con cinta adhesiva o pegamento y teniendo cuidado de que el estenopo sea el único agujero por donde entre la luz al interior de la cámara.

Ahora necesitamos un obturador que permita abrir el estenopo durante la exposición de la foto y mantenerlo cerrado el resto del tiempo. Aunque he usado otros mecanismos, generalmente uso cinta eléctrica negra que pego sobre el estenopo y despego durante el tiempo que dure la exposición. Finalmente pinto el interior de la cámara con pintura negra mate, lo cual es útil para evitar reflexiones de la luz. Hay que recordar que lo más importante es que la cámara sea estanca a la luz y que ésta únicamente entre por el estenopo durante la exposición.

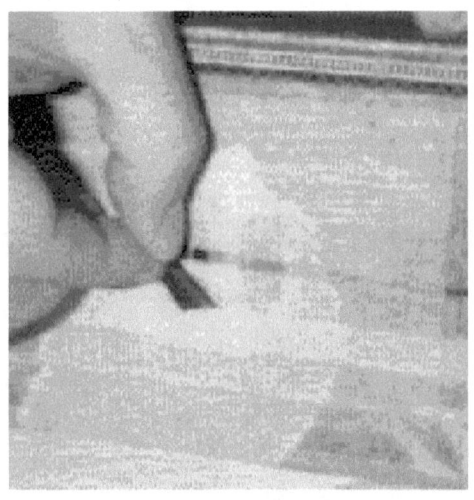

El siguiente paso es colocar el material fotosensible en la cara opuesta al estenopo. En mi caso concreto utilizo papel fotográfico, ya que es más cómodo de manejar y es menos sensible a la luz, lo que permite "cargarlo" en la cámara bajo una luz roja. También puede utilizarse película fotográfica, aunque esta última exige más cuidados en su manipulación. Como contrapartida el papel fotográfico necesita, generalmente, de mayores tiempos de exposición que la película fotográfica a la hora de hacer las fotos. Para sujetar el papel fotográfico habitualmente utilizo cinta adhesiva,

pegando éste (obviamente por la cara no sensible) a la cara
opuesta al estenopo, de forma que quede lo suficientemente
sujeto como para que no se desprenda durante el transporte de
la cámara y lo suficientemente poco adherido como para que
sea fácil retirarlo a la hora de revelar. Es importante hacer esto
bajo la luz roja evitando que el papel fotográfico se exponga a
cualquier otro tipo de luz y se vele, y también manipular el
papel con cuidado para no dejar huellas que luego se harían
visibles a la hora de revelar.

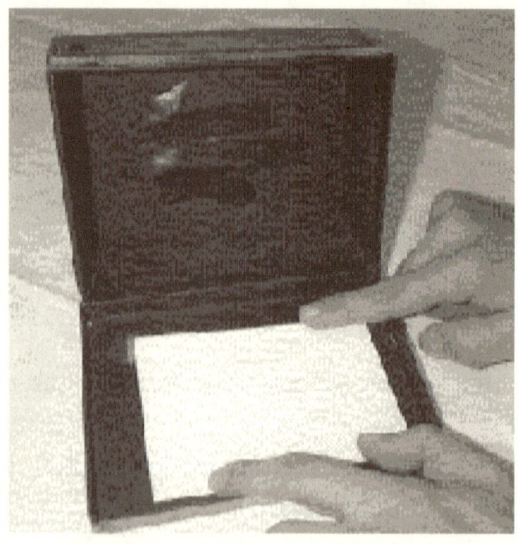

La fabricación de una cámara es, como se ve, bastante
sencilla, aunque las variedades de cámaras pueden ser muy
grandes. Por ejemplo, dependiendo de la anchura (distancia
del estenopo al material fotosensible) podemos tener: cámaras

angular, si la anchura es menor que la diagonal del papel fotográfico (la mayoría de las fotos que hago están realizadas con este tipo de cámaras); tele, si la distancia es mayor que la diagonal; o normales, cuando la distancia es igual a la diagonal. También se pueden hacer experimentos con más de un estenopo. En el caso de las cámaras hechas con botes cilíndricos las imágenes suelen salir algo distorsionadas, aunque por contra la luz llega de forma mas homogénea a todo el material fotosensible en vez de dejar las características esquinas obscuras. En resumen, para la construcción de cámaras estenopeicas lo único que se necesita es un poco de tiempo e imaginación.

Revelado y positivado de las fotos

El revelado fotográfico en blanco y negro es el proceso que hay que llevar a cabo para que la imagen latente en negativo que se ha formado en el material fotosensible se haga visible. Cuando el proceso se realiza a partir del negativo se le da el nombre de positivado.

Para llevar a cabo el revelado del papel fotográfico usado como material fotosensible en las cámaras estenopeicas se necesitan tres cubetas lo suficientemente amplias con disoluciones de revelador, paro y fijador. Estas disoluciones concentradas pueden comprarse en tiendas especializadas. Para revelar el papel fotográfico es necesario diluirlas convenientemente siguiendo las instrucciones del fabricante. La disolución o baño de paro tiene como objeto detener el proceso de revelado y puede ser simplemente agua.

El primer paso para revelar los negativos consiste en extraer el papel fotográfico (o película fotográfica caso de que se haya usado esta) de la cámara estenopeica. En el caso del papel fotográfico esta operación se puede hacer bajo la iluminación de una luz roja suave. La película fotográfica ha de extraerse en total oscuridad. En nuestro caso al usar papel fotográfico esta operación resulta relativamente sencilla. Únicamente hay que tener cuidado de no tocar con los dedos la parte fotosensible para no dejar marcas que saldrían en el revelado. Una vez que hemos sacado el papel fotográfico de la cámara la introducimos en la disolución reveladora y comenzamos a agitar suavemente hasta que se observa que la imagen en negativo comienza a aparecer. El tiempo de revelado depende en de la concentración del revelador, la temperatura, la mayor o menor exposición que haya tenido la fotografía, etc. En cualquier caso hay que tener en cuenta que este es un proceso bastante artesano y la experiencia hará que poco a poco vayamos controlando mejor los tiempos de revelado. Una vez revelada la imagen en negativo introducimos la foto, con la ayuda de unas pinzas especiales para no dejar marcas, en el baño de paro y lo tenemos ahí algunos segundos. A continuación introducimos el papel fotográfico en la disolución de fijador. Al igual que en el caso del revelador el tiempo que debe permanecer el papel en el baño fijador suele venir indicado por el fabricante. Una vez que hemos terminado con el proceso de fijación es necesario lavar la fotografía con agua durante algunos minutos. Finalmente dejamos el negativo secando durante el tiempo que sea necesario para que se seque completamente.

Una vez que tenemos los negativos es necesario positivarlos para obtener la fotografía. Para ello se pueden seguir dos procedimientos diferentes. El más sencillo consistiría en escanear el negativo y, mediante algún tipo de programa informático, pasar la imagen a positivo. Este proceso admite también el retoque de la fotografía. El proceso más artesano consistiría en positivar la imagen mediante la técnica de contacto. Para llevar a cabo este proceso hay que enfrentar la imagen negativa con la parte fotosensible de otro papel fotográfico del mismo tamaño y mantenerlos unidos mediante el uso de un cristal transparente lo suficientemente pesado como para que haya buen contacto. Obviamente esta operación hay que llevarla a cabo en la oscuridad o usando la luz roja. Una vez que hemos hecho esto es necesario encender alguna luz blanca durante un breve tiempo de exposición, generalmente un segundo o incluso menos. De esta manera impresionamos el papel fotográfico con una imagen inversa a la del negativo. Una vez que tenemos impresionado el papel fotográfico con la imagen en positivo es necesario repetir el proceso de revelado del mismo, tal y como hemos hecho con el negativo.

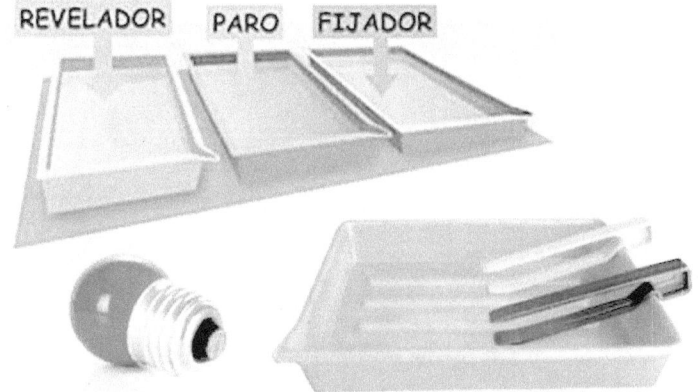

Definiciones y conceptos básicos

Número f

Este valor da una idea de la luminosidad del estenopo; equivalente al valor de la apertura del diafragma en una cámara convencional. Indica la cantidad de luz que deja pasar el estenopo o el valor inverso de la proporción de luz que retiene el diafragma. Así, un n^o f = 1 indicaría que el estenopo deja pasar el 100 % de la luz exterior, un n^o f = 2 que deja pasar solo la mitad, etc. El cálculo del n^o f se realiza según la siguiente fórmula:

$$n^o\ f = b/d$$

Donde: b = distancia desde el estenopo al material fotosensible (equivalente a la distancia focal en una cámara convencional); d = diámetro del estenopo.

Aunque dependiendo de como se construya la cámara el n^o f puede ser muy diferente, generalmente en las cámaras etenopeicas son comunes valores de n^o f bastante mayores que en caso de las cámaras convencionales. Esto nos da una idea de la poca luminosidad de las cámaras etenopeicas y de los largos tiempos de exposición que serán necesarios. En cualquier caso, una vez calculado el nº f de la cámara es conveniente aproximarlo al valor más cercano de la escala de aperturas de diafragma (nº f):

2,8 - 4 - 5,6 - 8 - 11 - 16 - 22 - 32 - 45 - 64 - 90 - 128 - 80 - 256 - 360 – 512

Dado que no se trata de lentes no podemos hablar estrictamente de distancia focal aunque el concepto es equivalente.

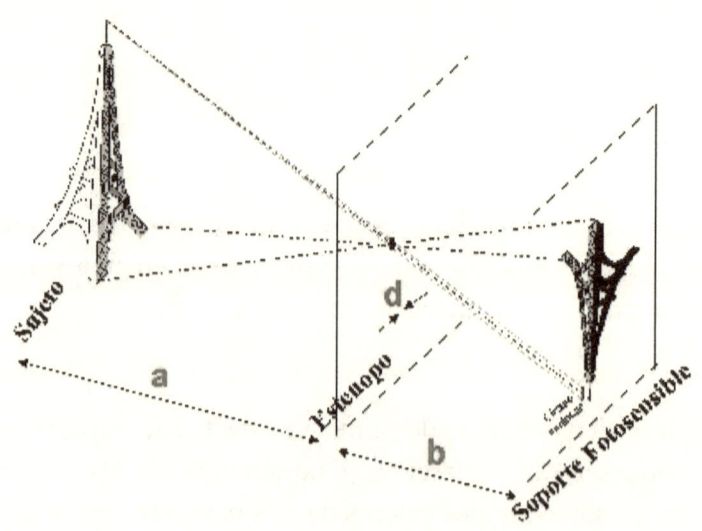

Ángulo de Cobertura (x) y Magnificación

El ángulo de cobertura es la escena que podemos abarcar con la cámara. Este puede calcularse según la fórmula:

$$x = (360\ w)/(2pb)$$

Donde: b = distancia desde el estenopo al material fotosensible; w = diagonal del material fotosensible.

Es decir, cuanto menor sea la distancia del estenopo al material fotosensible y cuanto mayor sea el tamaño del material fotosensible se cubre un mayor ángulo.

Por otro lado, dado un determinado sujeto, se puede determinar el tamaño de la imagen que formará el estenopo teniendo en cuenta la siguiente relación:

$$s/i = a/b$$

Donde: s = tamaño del sujeto; i = tamaño de la imagen formada; a = distancia del sujeto al estenopo; b = distancia del estenopo al material fotosensible.

Teniendo en cuenta las anteriores fórmulas, podemos diseñar una cámara que abarque la escena igual que lo haría un objetivo de tipo angular, normal o teleobjetivo. Así:

angular: b < w; normal d = w; tele: d > w

Optimización del diámetro del estenopo (d)

Un estenopo no focaliza la imagen tal y como lo haría una lente. En realidad funciona más como si fuese un filtro que limita la cantidad de luz que llega al material fotosensible procedente de cada punto del sujeto. Así, los rayos luminosos procedentes de un único punto del sujeto dan lugar a un cono de luz que crea un círculo de luz, y no un punto, en el material fotosensible. El conjunto de todos los círculos de luz procedentes de cada punto del sujeto y el grado en que se solapan los unos con los otros, constituye la imagen que se forma en el plano del material fotosensible. Así pues, el tamaño de estos círculos de luz determinará la nitidez de la fotografía estenopeica. Por otro lado, dado que el camino que sigue la luz es una línea recta, la imagen quedará invertida con la parte de arriba hacia abajo y con la derecha a la izquierda y viceversa (ver la Figura). Por tanto, para obtener imágenes completamente nítidas un estenopo ideal debería permitir el paso de un único rayo luminoso procedente de cada punto del sujeto. Sin embargo esto no es verdad, dado que a partir de cierto tamaño del estenopo comienza a cobrar importancia el fenómeno de la difracción de la luz; que podría describirse como desviaciones del rayo luminoso que se producen en los bordes del orificio. Cuanto menor el estenopo mayor importancia cobra el efecto de la difracción. Así pues, el tamaño óptimo del estenopo será aquel en el que el diámetro sea lo suficientemente pequeño como para que la formación de la imagen sea aceptablemente nítida y lo suficientemente grande como para que la difracción no sea tan importante que disminuya la calidad de la imagen.

Entre las fórmulas propuestas para optimizar el diámetro de un estenopo cabe destacar la publicada en Nature por el Premio Nobel Lord Rayleigh en 1891 y que se sigue utilizando en la actualidad:

d = 1.9 (sqrt (l * b))

Donde sqrt = raíz cuadrada; l = longitud de onda de la luz (0.000 55 mm para el valor del espectro amarillo-verde); b = distancia del estenopo al material fotosensible.

En cualquier caso, y desde un punto de vista práctico, el tamaño óptimo del estenopo no es un parámetro excesivamente crítico a la hora de obtener buenas fotos. Sí cabe destacar que cuanto más nos acerquemos al tamaño óptimo más nitidez presentarán nuestras fotos. Por otro lado cuanto menor sea el tamaño del estenopo la toma requerirá de mayores tiempos de exposición.

Dado que una de las formas más habituales de hacer un estenopo es perforando con una aguja de coser, es conveniente tener en cuenta que estas vienen numeradas y que su tamaño viene dado por la siguiente escala:

Nº de aguja	4	5	6	7	8	9	10	11	12	13	14	16
Diámetro (mm)	0,90	0,80	0,73	0,66	0,58	0,51	0,46	0,40	0,35	0,33	0,30	0,25

Tiempo de exposición

El tiempo que el estenopo permanece abierto durante la toma de la fotografía es lo que denominamos tiempo de exposición. A mayor tiempo de exposición más cantidad de luz llegará al material fotosensible y viceversa. Este es uno de los parámetros más importantes a la hora de obtener una buena fotografía. Para calcular el tiempo de exposición hemos de tener en cuenta varios factores:

El material fotosensible que usamos. Las películas fotográficas tienen sensibilidades a la luz entre 25 a 1000 ASA , mientras que el papel fotográfico presenta una sensibilidad estandard aproximada de 4 ó 6 ASA. En consecuencia los tiempos de exposición son bastante mayores cuando usamos papel fotográfico. Su principal ventaja es que su manejo es en general más fácil que en el caso de las películas.

El nº f. Como ya se indico anteriormente a mayor nº f menor luminosidad y por tanto se requerirá de mayores tiempos de exposición.

La luz ambiental, o cantidad de luz que refleja la escena. Puede medirse con un fotómetro manual o con el fotómetro de una cámara. Sin embargo casi ningún fotómetro presenta valores de diafragma tan pequeños (o tan grandes de nº f) como los que suelen ser habituales en las cámaras estenopeicas (180, 256, 360, etc.). Para resolver el problema resulta útil construir una escala móvil con dos tiras de cartón conteniendo una de ellas una escala de tiempos y la otra la escala de aperturas (nº f), tal y como se muestra a continuación:

Tiempo (s)			1/4	1/2	1	2	4	8	16	32	64	128	256	512
nº f	8	11	16	22	32	45	64	90	125	180	250	360	500	720

El cálculo de la exposición se realiza desplazando una tira sobre la otra hasta que hagamos coincidir una de las combinaciones exposición/apertura que indica el fotómetro teniendo en cuenta que cualquier otra combinación en la escala será equivalente. Por ejemplo, si nuestra cámara tiene un nº f = 250 y el fotómetro indica una combinación 1/2s y nº f = 22, el tiempo de exposición será de 64 segundos.

Otro factor a tener en cuenta es la compensación por el fallo de reciprocidad. Esto se debe a que los materiales fotosensibles no responden al intensidad de luz de forma lineal cuando los tiempos de exposición son excesivamente prolongados (más de un segundo). Por tanto para calcular el tiempo de exposición correcto es necesario multiplicar el tiempo de exposición obtenido según lo indicado anteriormente por un factor de compensación (t). En este caso lo mejor es disponer la tabla de compensación del fabricante del material fotosensible. En caso de no disponer de esta hay que recurrir a la realización de pruebas. Una tabla propuesta para papel fotográfico de 4 ASA , aunque puede ser usada también para película es la siguiente:

Exposición calculada (e)	1 s	5 s	15 s	45 s	2 min	5 min	10 min	20 min	100 min
Factor de compensación (t)	1,25	1,5	2	3	4	5	6	7	8

Así el tiempo correcto de exposición (E) será:

$$E = e \times t$$

Cuando no se dispone de fotómetro es necesario recurrir al método de prueba y error, por ejemplo si al hacer una exposición el negativo resulta demasiado claro realizar una nueva exposición al doble de tiempo, etc. La experiencia y el ir anotando los tiempos de exposición, condiciones meteorológicas etc. suele dar buenos resultados después de unos pocos intentos. En cualquier caso y de forma muy aproximada la siguiente tabla puede dar una idea de los tiempos de exposición necesarios.

Condiciones meteorológicas	Papel fotográfico y n° f = 180 a 250
totalmente despejado y sol muy brillante	20 a 60 segundos
soleado pero con alguna nube escena con sombras	1 a 2 minutos
nublado pero no muy oscuro	2 a 10 minutos
nublado bastante oscuro	10 minutos - mejor otro día

Álbum de fotos

Estas son algunas de las fotografías que he hecho con las cámaras estenopeicas.

Objetos fotografiados en interiores

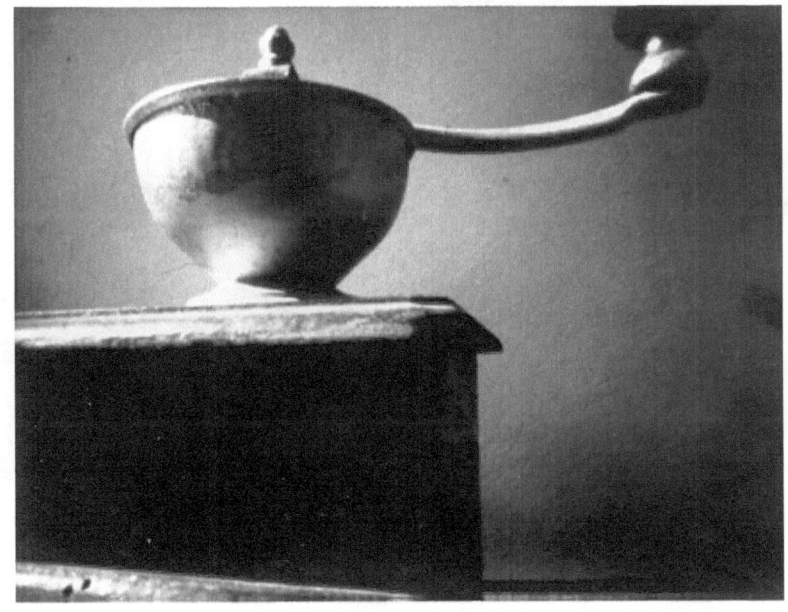

Molinillo de café. Fotografía hecha en interior con iluminación natural a través de una ventana.

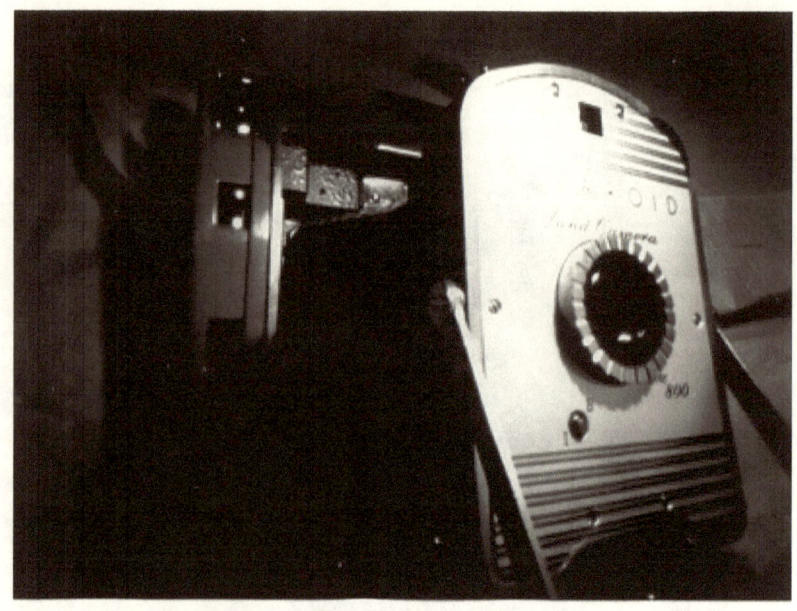

Polaroid. Fotografía hecha en interior con la iluminación de una bombilla de 100 wat. y una exposición superior a los 20 minutos.

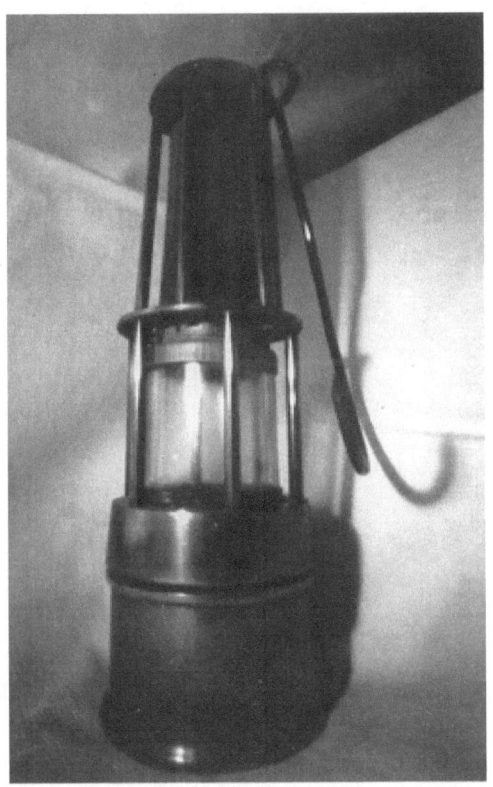

Lámpara de mina. Fotografía hecha en interior con la iluminación de una bombilla de 100 wat. y una exposición superior a los 20 minutos.

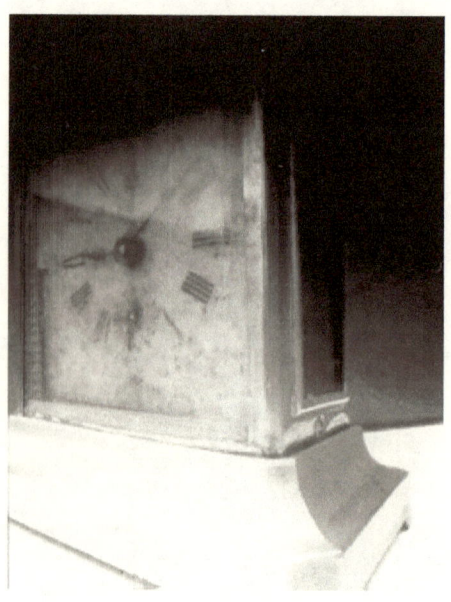

*Reloj. Fotografía hecha en interior con la iluminación
de una bombilla de 100 wat. y una exposición superior
a los 20 minutos.*

Personas

Fotografiar personas con una cámara estenopeica es bastante sencillo... Lo difícil es conseguir que se estén quietas durante las largas exposiciones. En cualquier caso los resultados pueden ser interesantes.

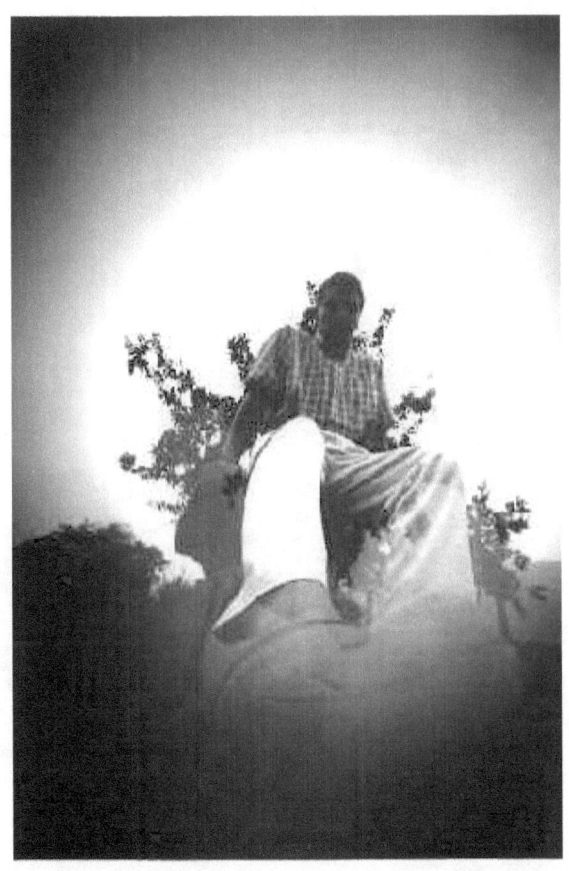

Yo con madreñes (autorretrato)

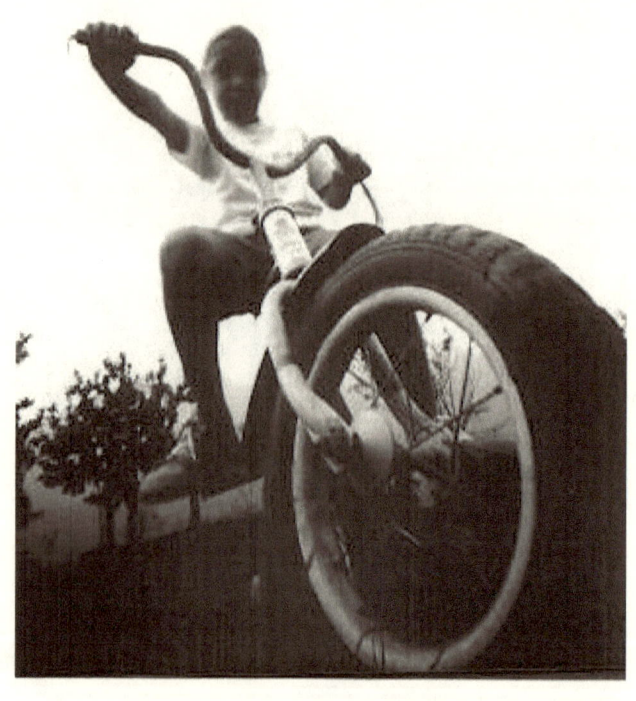

Álvaro con bici

Lugares

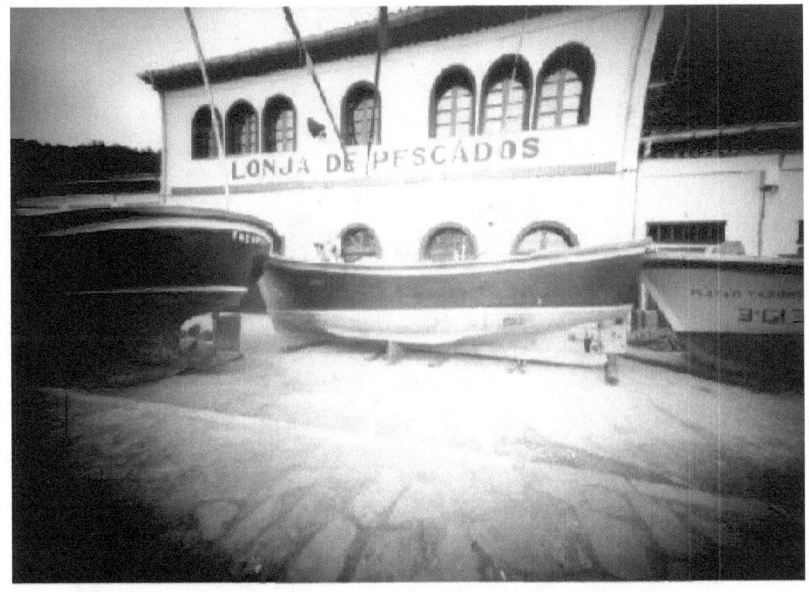

Tazones

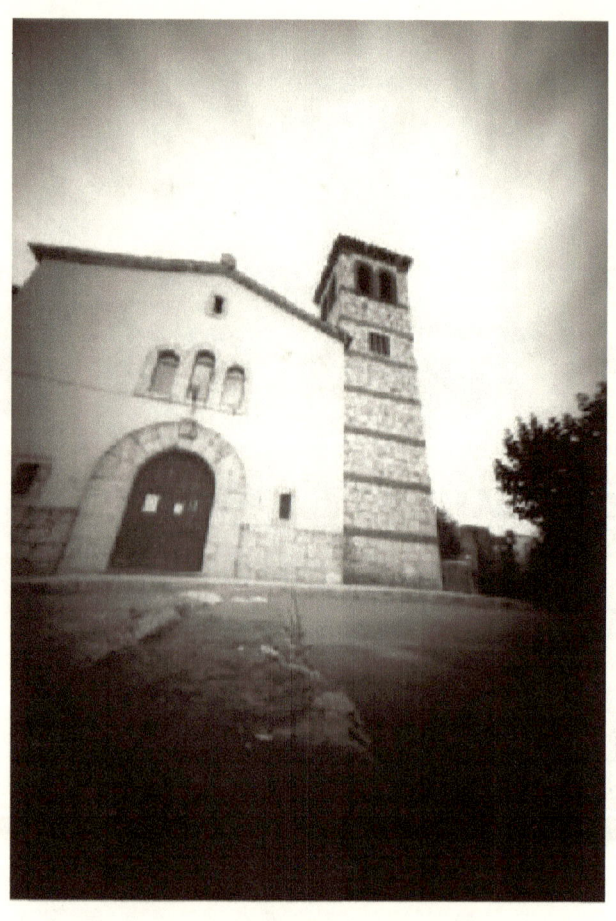

Lugones

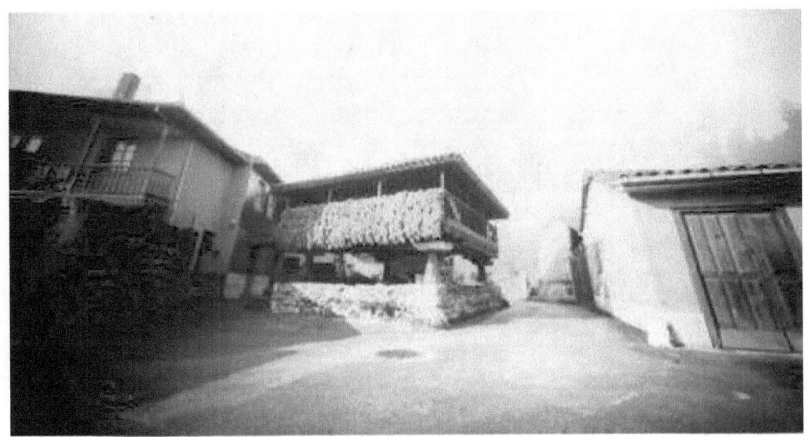

Un hórreo en Bueño (Güeño)

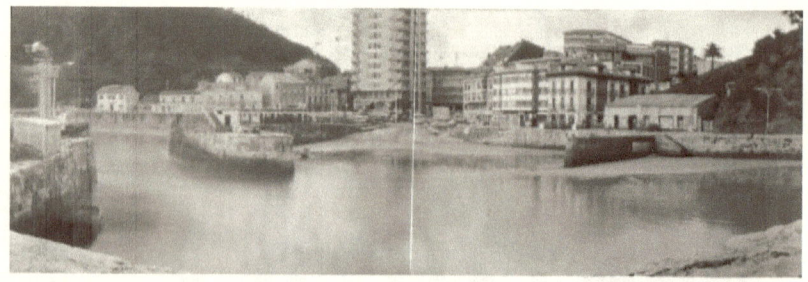

Candás

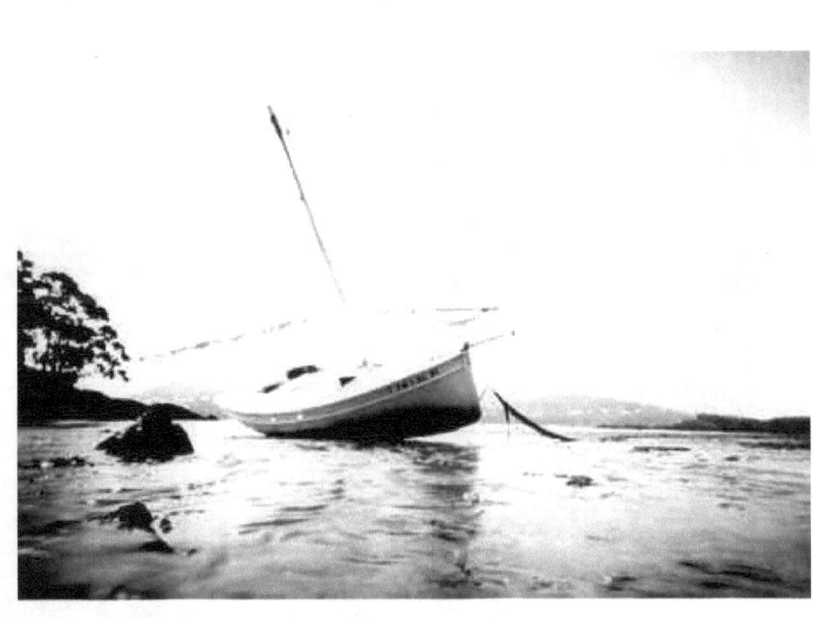

Barca varada, no me acuerdo donde

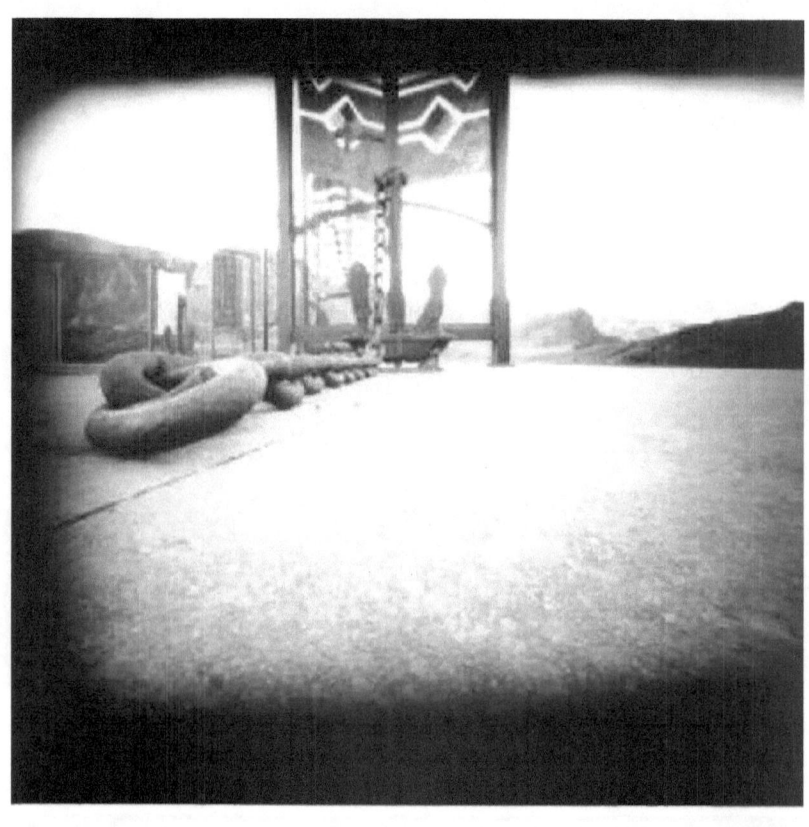

Salinas, Museo de Anclas Philippe Cousteau

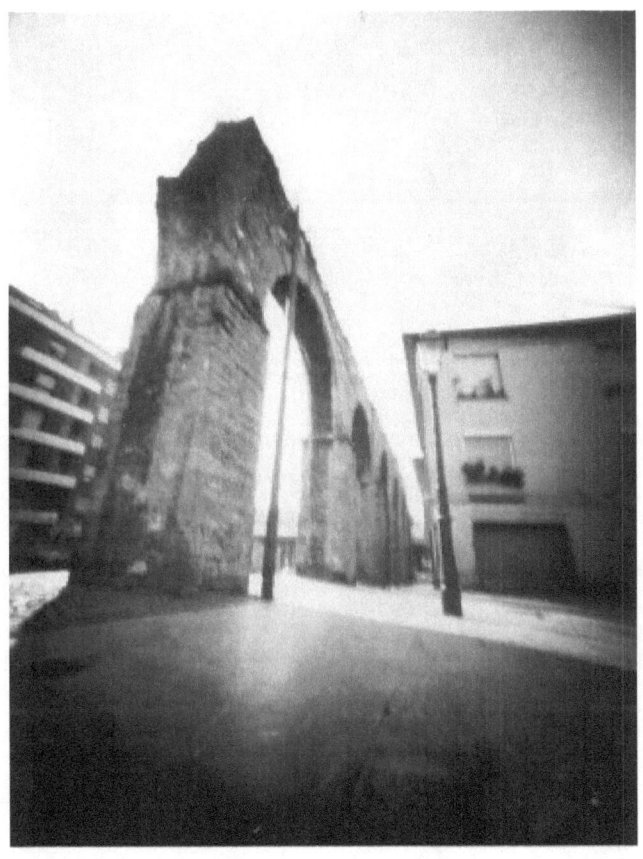

Arcos del Acueducto de los Pilares (Oviedo)

Construido entre 1588 y 1601. Originalmente contaba con 40 arcos, siendo la altura del arco mayor de 10 m. Los primeros derribos del acueducto datan del año 1915 y prosiguieron en años sucesivos hasta reducirse a los cinco arcos de la actualidad.

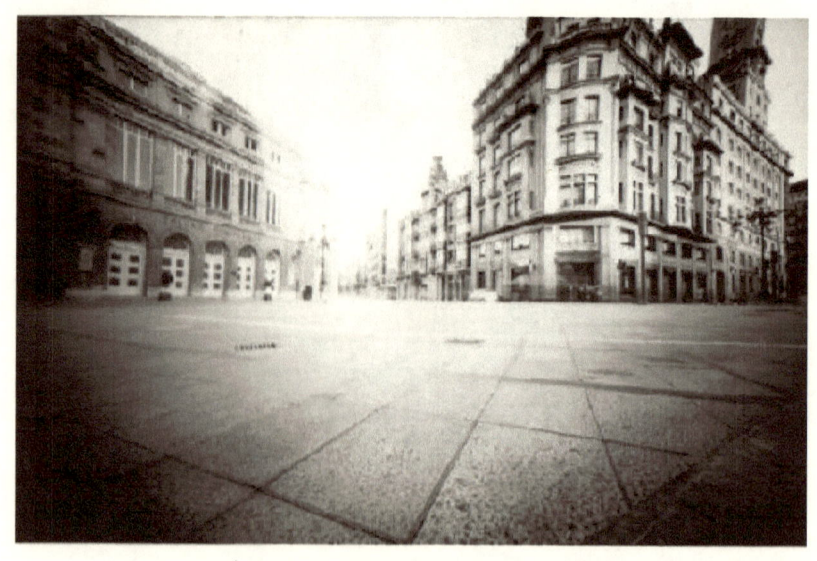

Teatro Campoamor (Oviedo)

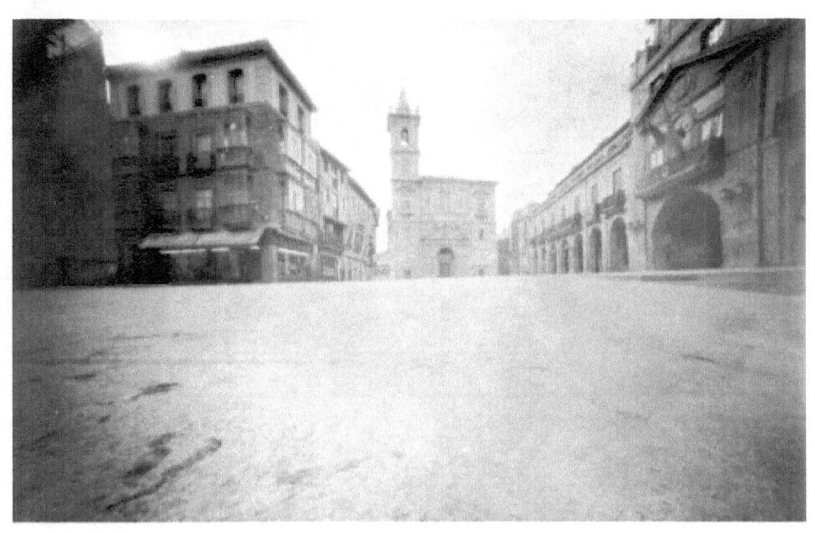

Plaza del Ayuntamiento de Oviedo, San Isidoro al fondo

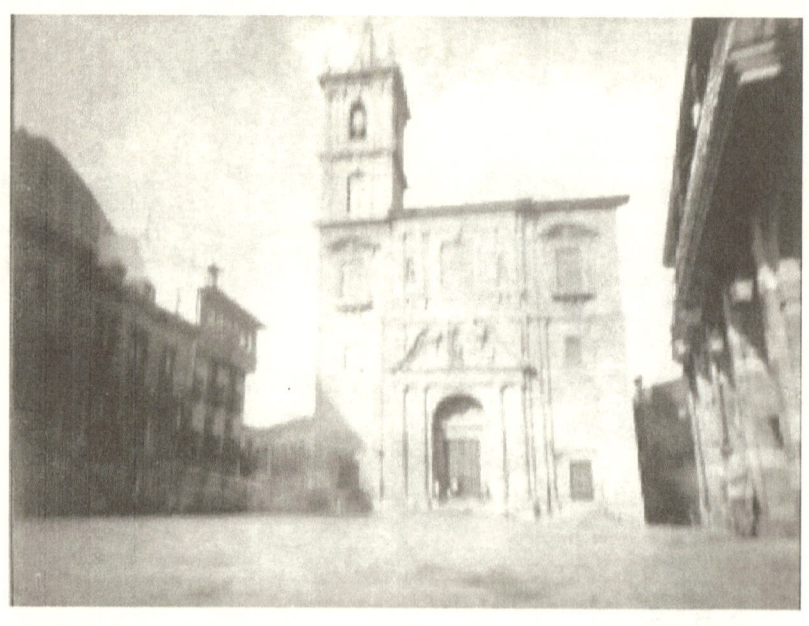

San Isidoro

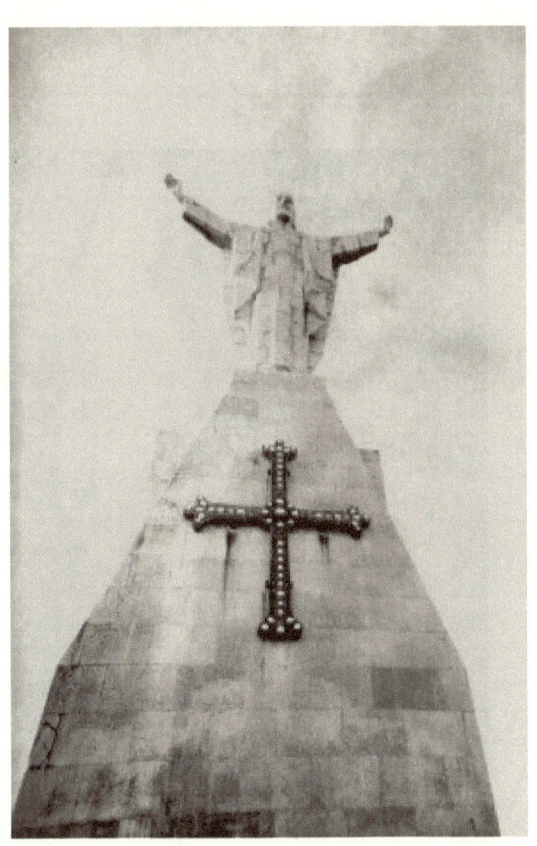

San Salvador

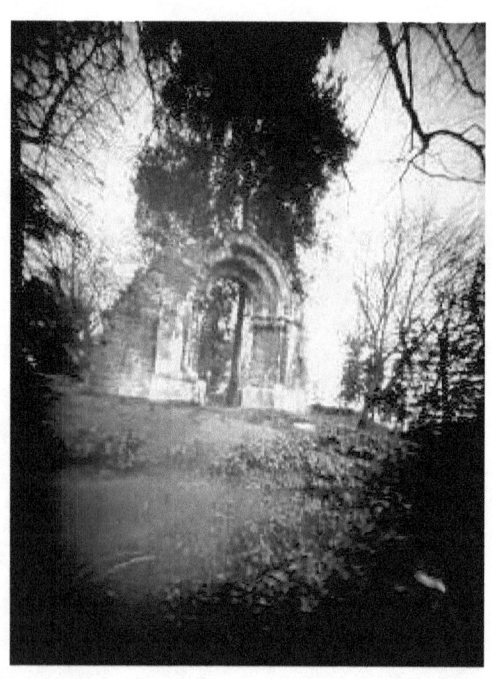

Campo de San Francisco

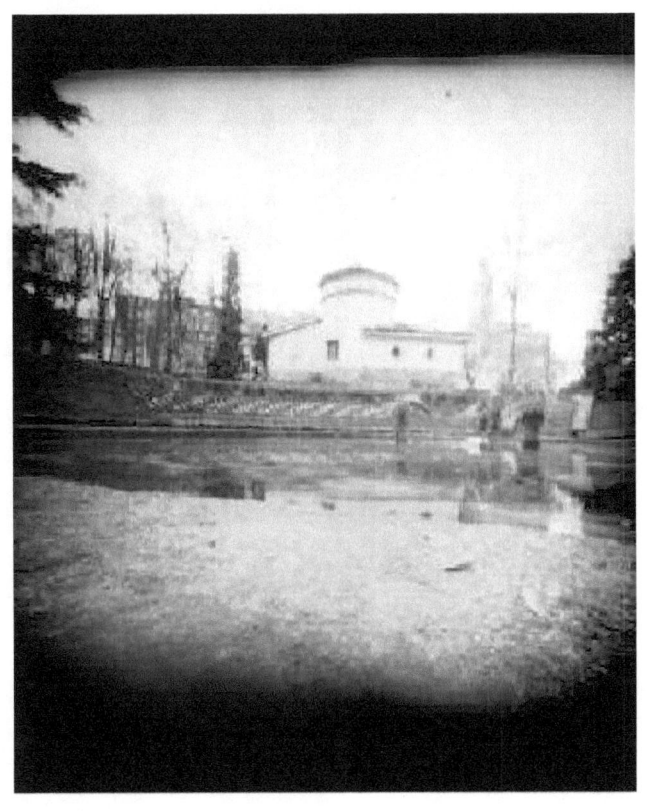

Campo de San Francisco

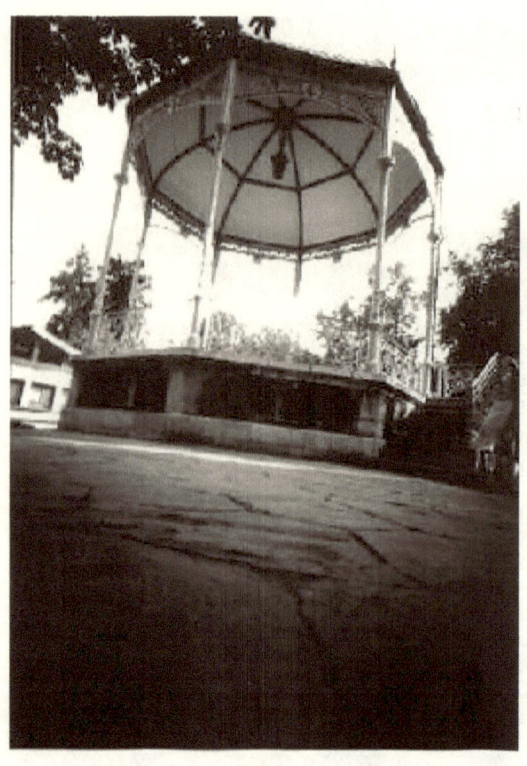

Campo de San Francisco

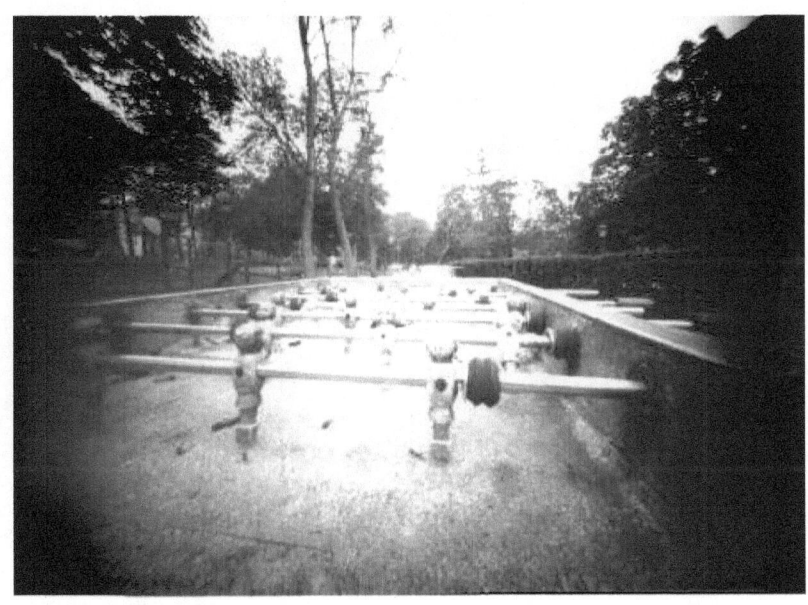

Futbolín en el Campo de San Francisco

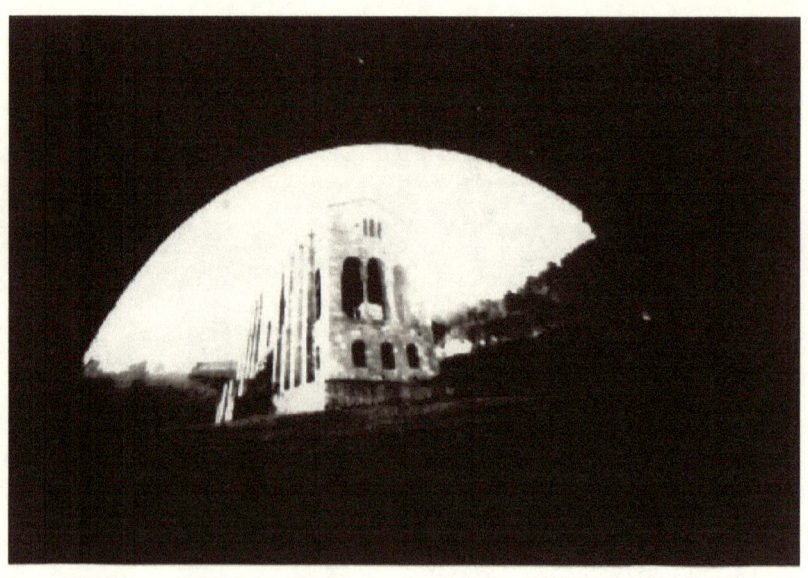

Santa María del Naranco

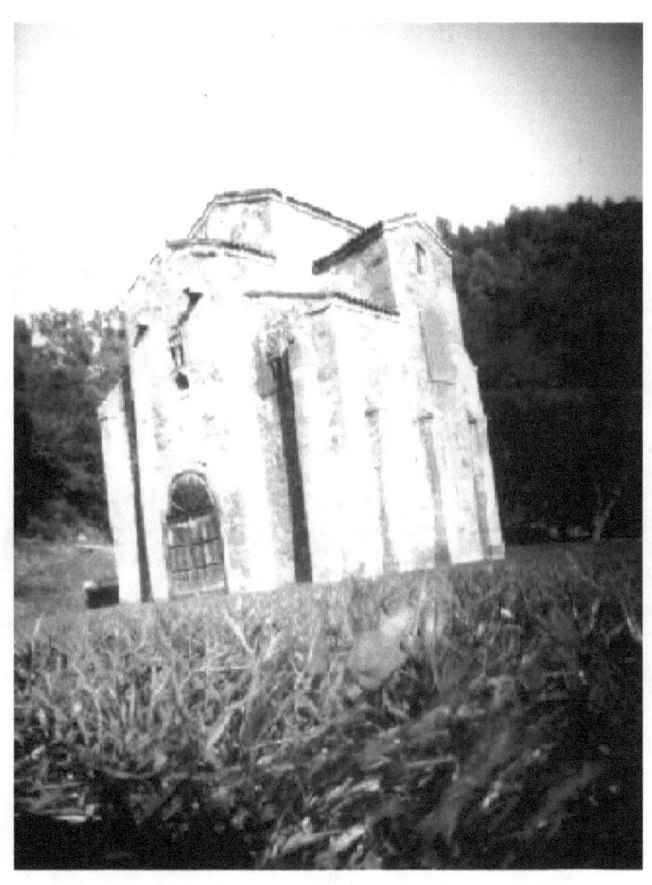

San Miguel de Lillo (o Liño)

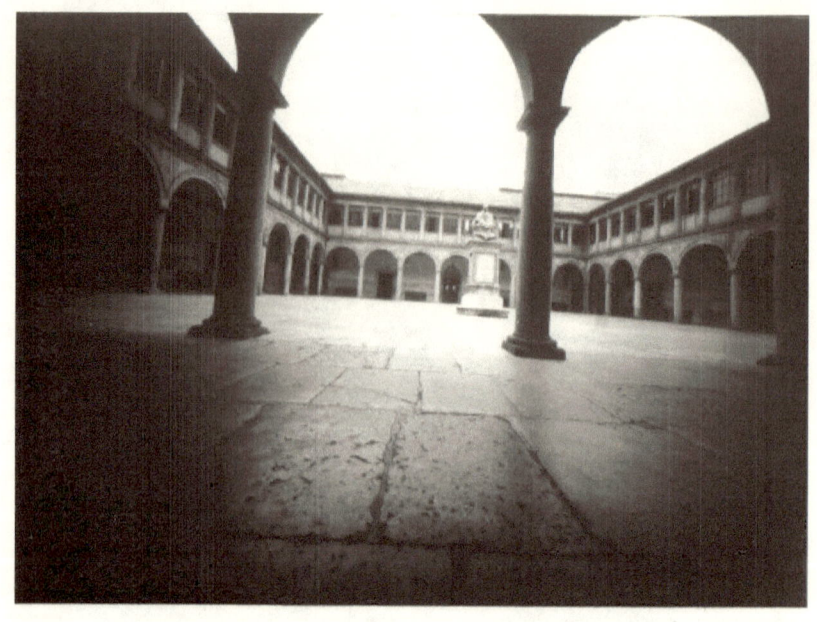

Claustro de la Universidad de Oviedo

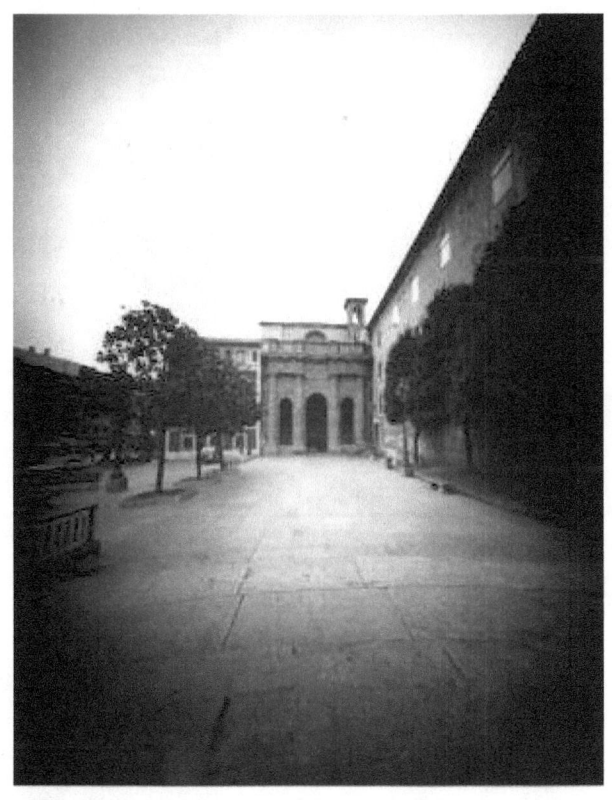

Iglesia de Santo Domingo

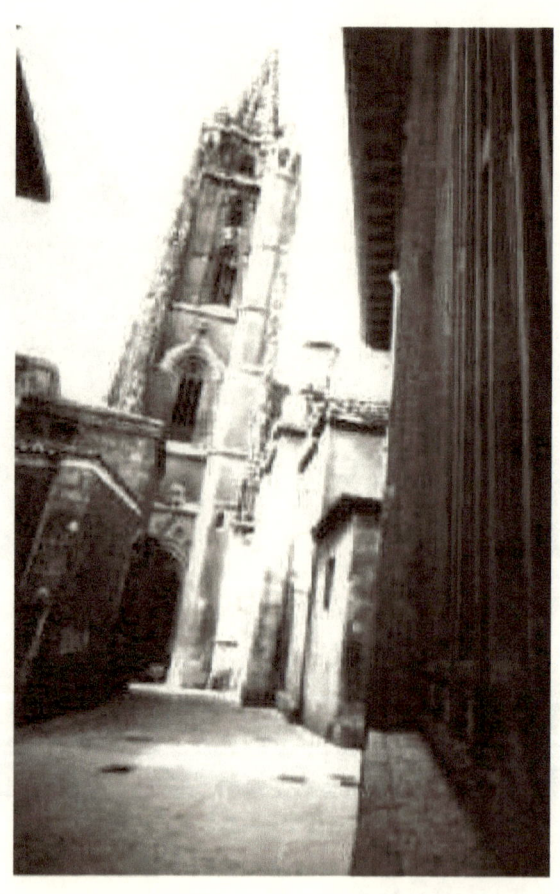

Catedral de Oviedo

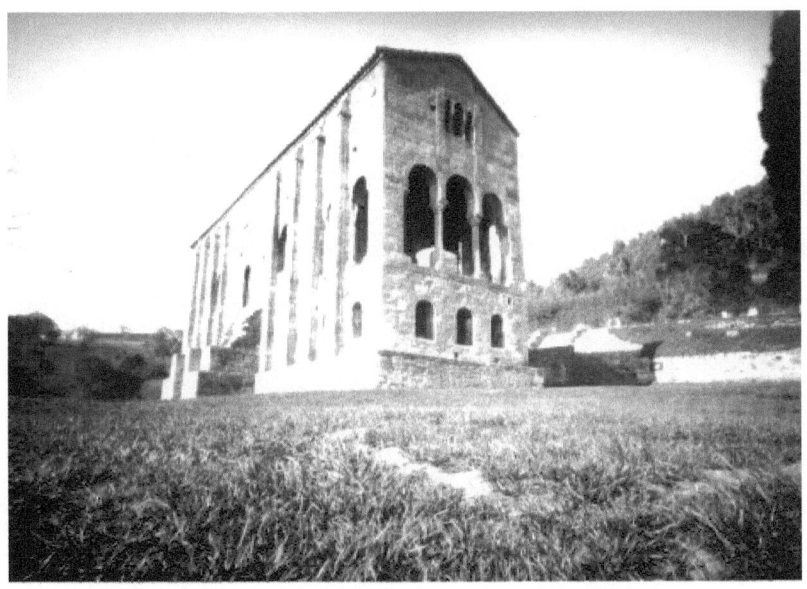

Santa María del Naranco

Experimentos

Para hacer este tipo de fotos utilicé una caja cilíndrica (de pastas danesas) relativamente grande y dos hojas de papel fotográfico de 9x13 cm pegadas por el reverso con cinta adhesiva. Ciertamente podía haber utilizado papel fotográfico con otro tamaño, pero era esto lo que tenía a mano (además es bastante barato). En algunos casos he recortado las fotos después de revelarlas.

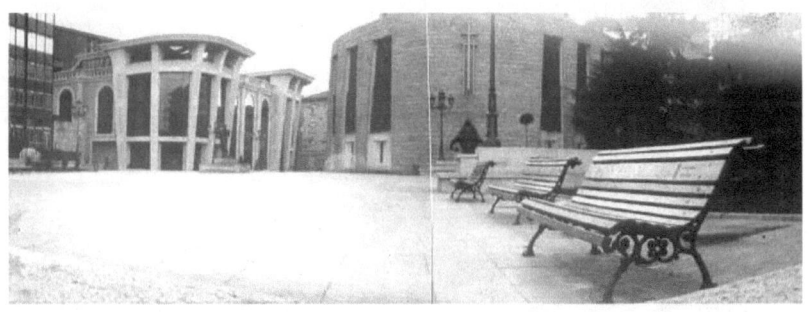

Iglesia Redonda y Auditorio, Oviedo

Esto es lo que puede suceder si se arruga o dobla el papel fotográfico y se introduce así en la cámara.

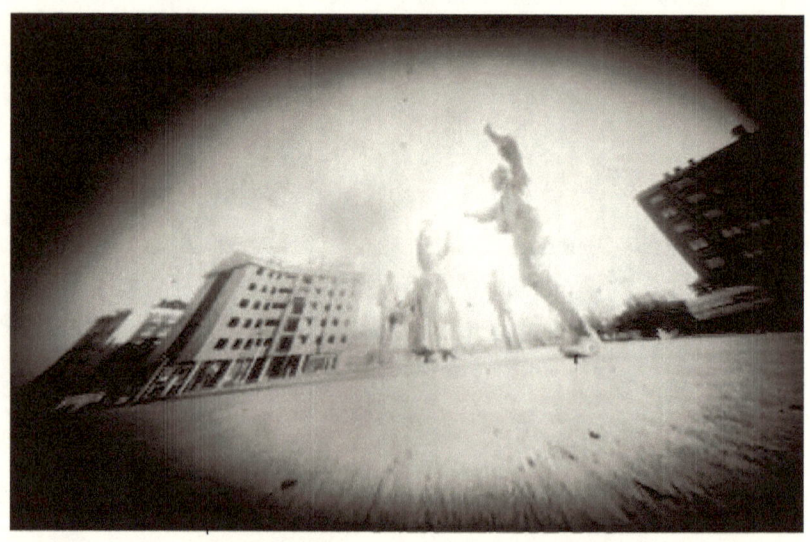

Plaza en La Corredoria, Oviedo

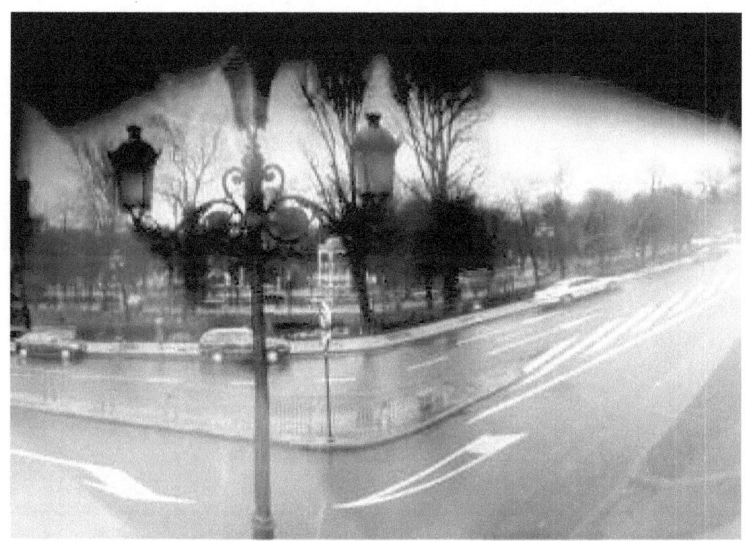

Una calle de Oviedo

En el caso de esta foto más que un experimento fue un
accidente puesto que olvidé que ya había utilizado esa cámara
e hice una nueva foto encima de la que había hecho con
anterioridad.

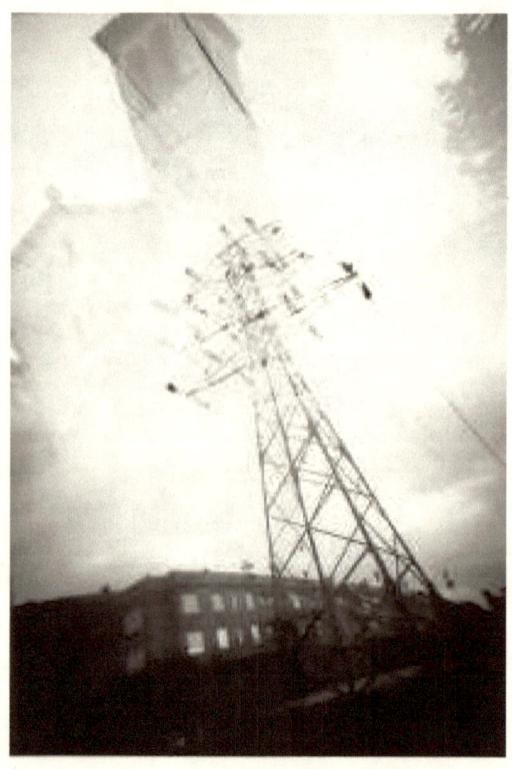

Lugones